GALETTE AU MIEL

DU MÊME AUTEUR

T – Ma vie en T-shirts, Belfond, 2022 ; 10/18, 2023

Abandonner un chat – Souvenirs de mon père, Belfond, 2022

Première personne du singulier, Belfond, 2022

Danse, danse, danse, Belfond, 2019 ; 10/18, 2021

La Fin des temps, Belfond, 2019 ; 10/18, 2020

La Course au mouton sauvage, Belfond, 2019 ; 10/18, 2021

Profession romancier, Belfond, 2019 ; 10/18, 2020

De la musique – Conversations, Belfond, 2018 (Haruki Murakami et Seiji Ozawa) ; 10/18, 2019

Le Meurtre du Commandeur, livre 2 : La Métaphore se déplace, Belfond, 2018 ; 10/18, 2019

Le Meurtre du Commandeur, livre 1 : Une Idée apparaît, Belfond, 2018 ; 10/18, 2019

Birthday Girl, Belfond, 2017 ; 10/18, 2018

Des hommes sans femmes, Belfond, 2017 ; 10/18, 2018

Écoute le chant du vent suivi de *Flipper*, 1973, Belfond, 2016 ; 10/18, 2017

L'Étrange Bibliothèque, Belfond, 2015 ; 10/18, 2016

L'Incolore Tsukuru Tazaki et ses années de pèlerinage, Belfond, 2014 ; rééd. 2024 ; 10/18, 2015

Underground, Belfond, 2013 ; 10/18, 2014

(Suite en fin d'ouvrage)

HARUKI MURAKAMI

GALETTE AU MIEL

Traduit du japonais
par Corinne Atlan

Illustrations de Kat Menschik

belfond

Titre original :
"Hachimitsu Pai (Honey Pie)" from *KAMI NO KODOMOTACHI WA MINA ODORU* (*After the Quake*)
publié par Shinchosha Publishing Co., Ltd, Tokyo

La nouvelle intitulée « Galette au miel » a été publiée en français dans le recueil de nouvelles *Après le tremblement de terre*, 10/18, 2002.

Retrouvez-nous sur www.belfond.fr
ou www.facebook.com/belfond

Éditions Belfond,
92, avenue de France, 75013 Paris.
Pour le Canada,
Interforum Canada, Inc.,
1055, bd René-Lévesque-Est,
Bureau 1100,
Montréal, Québec, H2L 4S5.

ISBN : 978-2-7144-0452-7
Dépôt légal : novembre 2024

Cet ouvrage a été proposé à l'éditeur français par l'agence EDITIO DIALOG, Lille (www.editio-dialog.com).

Belfond | un département **place des éditeurs**

place
des
éditeurs

1

— MASAKICHI avait pris tellement de miel qu'il ne pouvait pas tout manger, aussi en a-t-il mis dans un seau pour aller le vendre à la ville au pied de la montagne. L'ours Masakichi était un célèbre cueilleur de miel.

— Comment un ours peut-il avoir un seau ? demanda Sara.

— C'était le hasard, expliqua Junpei. Il en avait trouvé un par terre, sur la route, et l'avait ramassé en se disant que ça pourrait lui servir un jour.

— Et ça lui a bien servi !

— Exactement. Donc, Masakichi est descendu à la ville. Il s'est installé sur la place principale et il a écrit sur une pancarte : « Délicieux miel naturel. Deux cents yens le pot », et il s'est mis à vendre son miel.

— Ça sait écrire, un ours ?

— *No*, dit Junpei. Les ours ne savent pas écrire, mais Masakichi a demandé à un vieux monsieur à côté de lui d'écrire pour lui avec son stylo.

— Et un ours, ça sait compter l'argent ?

— *Yes*. Masakichi avait été élevé par des humains quand il était petit, et il avait appris à parler et à compter, et ce genre de choses. Il faut dire qu'il était doué de nature.

— Ah, il n'était pas comme les ours normaux, alors ?

— C'est ça, il était différent des ours normaux. Masakichi était un ours un peu spécial et, pour cette raison, les autres ours de son entourage le snobaient.

— Ça veut dire quoi, « le snobaient » ?

— Ça veut dire que les autres ours disaient : « Eh, qu'est-ce qu'il a, celui-là ? Pour qui il se prend ? », ou alors ils faisaient « Pff ! » derrière son dos, ou refusaient de lui adresser la parole. Il n'arrivait pas à être ami avec eux. Et cette grosse brute de Tonkichi le détestait particulièrement.

— Pauvre Masakichi !

— Oui, le pauvre. Extérieurement, il avait l'apparence d'un ours, aussi les humains se disaient : « Bon, d'accord, il sait parler comme nous, il sait compter, mais après tout, ce n'est qu'un ours. » Finalement, Masakichi n'était accepté par aucun de ces deux mondes, ni celui des humains ni celui des ours.

— C'est vraiment horrible. Le pauvre ! Il n'avait pas du tout d'amis ?

— Pas du tout. Comme il n'allait pas à l'école, il n'y avait pas d'endroit où il aurait pu se faire des amis.

— Moi, j'en ai, des amis, à la maternelle, dit Sara.

— Bien sûr, répondit Junpei. Bien sûr que tu en as.

— Et toi, Jun, tu en as, des amis ?

Sara trouvait trop long d'appeler Junpei par son nom et se contentait du diminutif « Jun ».

— Ton papa est mon meilleur ami depuis très longtemps. Et ta maman aussi, c'est ma meilleure amie.

— Tant mieux, c'est bien d'avoir des amis.

— Tout à fait. Tu as raison, c'est bien d'avoir des amis.

Junpei inventait souvent des histoires qu'il racontait à Sara au moment où elle allait se coucher. La fillette lui posait des questions chaque fois qu'un élément lui échappait, et Junpei interrompait chaque fois son récit pour lui expliquer les choses en détail. Les questions étaient généralement pointues et intéressantes et, le temps que Junpei réfléchisse à la façon d'y répondre, de nouvelles idées pour poursuivre son histoire naissaient dans son esprit.

Sayoko arriva avec du lait chaud.

— Tu sais, maman, Jun me raconte l'histoire de l'ours Masakichi, lui expliqua Sara. C'est un célèbre cueilleur de miel mais il n'a pas d'amis.

— Hmm. C'est un gros ours ? demanda Sayoko à Sara.

Sara regarda Junpei d'un air anxieux.

— Il est grand, Masakichi ?

— Pas très grand, dit Junpei. En fait, c'est un ours plutôt petit. À peu près de la même taille que toi, Sara. Et il a un caractère assez discret. Et il n'aime pas les musiques violentes, comme le punk ou le hard rock. Il n'écoute que du Schubert, tout seul.

Sayoko se mit à fredonner *La Truite*.

— Mais comment il fait pour écouter de la musique ? demanda Sara. Il a un lecteur de CD ou quelque chose comme ça ?

— Il a trouvé un vieux radiocassette par terre. Il l'a ramassé et l'a emporté chez lui.

— Il a de la chance. Mais comment ça se fait qu'on trouve tellement de choses par terre dans la montagne ? demanda Sara d'un air légèrement soupçonneux.

— C'est que les pentes sont très raides, alors les gens qui les escaladent ont tous la tête qui tourne, et ils laissent tomber ce qu'ils ont en trop en cours de route. « Je n'en peux plus. Mon sac est vraiment trop lourd. Je n'ai pas besoin de seau, après tout, ni de radiocassette non plus. » Ce qui fait qu'on trouve plein d'objets utiles sur les sentiers.

— Je peux comprendre ce qu'ils ressentent, dit Sayoko. Moi aussi, il m'arrive d'avoir envie de tout laisser tomber.

— Pas moi, dit Sara.

— Parce que tu collectionnes tout et n'importe quoi, dit Sayoko.

— C'est pas vrai, se défendit Sara, je collectionne pas n'importe quoi.

— Mais non, tu es juste jeune et pleine d'énergie, corrigea Junpei, tournant les choses de manière plus positive. Mais dépêche-toi de boire ton lait si tu veux que je te raconte la suite des aventures de l'ours Masakichi.

— D'accord, dit Sara en soulevant sa tasse à deux mains pour boire précautionneusement le lait chaud. Mais pourquoi est-ce que Masakichi ne prépare pas des galettes au miel pour les vendre au marché ? Je pense que ça plairait aux gens de la ville.

— C'est une excellente idée. Comme ça, il ferait aussi plus de bénéfices, dit Sayoko en souriant.

— Étendre le marché avec une valeur ajoutée… Cette enfant sera une grande cheffe d'entreprise plus tard, dit Junpei.

Quand Sara se remit au lit et se rendormit enfin, il était deux heures du matin passées. Après s'être assurés qu'elle dormait profondément, Junpei et Sayoko s'étaient assis face à face à la table de la cuisine pour partager une canette de bière. Sayoko buvait peu, quant à Junpei, il devait reprendre le volant pour rentrer chez lui à Yoyogi.

— Excuse-moi de t'avoir appelé au milieu de la nuit, dit Sayoko. Mais je ne savais vraiment plus quoi faire. J'étais abrutie de fatigue et complètement désorientée, je ne pouvais penser à personne d'autre que toi pour arriver à calmer Sara. Je n'allais quand même pas téléphoner à Kan, hein ?

Junpei hocha la tête et but une gorgée de bière, mangea un des crackers posés sur une soucoupe devant lui.

— Ne t'en fais pas pour moi. De toute façon, je reste debout jusqu'à l'aube, et la nuit il n'y a pas de circulation. Ce n'était vraiment pas gênant.

— Tu étais en train d'écrire ?

— Plus ou moins…

— Une nouvelle ?

Junpei acquiesça d'un signe de tête.

— Ça marche bien ?

— Comme d'habitude. J'écris des nouvelles, elles sont publiées dans une revue littéraire, et personne ne les lit.

— Moi, je lis tout ce que tu écris.

— Merci, tu es gentille, dit Junpei. Mais les nouvelles, tu vois, comme forme littéraire, c'est à peu près aussi suranné que les bouliers. Enfin, bon, ça ne fait rien. Parlons plutôt de Sara. Elle fait souvent des crises comme ce soir ?

Sayoko hocha la tête.

— Souvent, c'est un doux euphémisme. En ce moment, c'est pratiquement chaque soir. Elle se réveille toutes les nuits et pique de véritables crises de panique. Elle tremble sans pouvoir s'arrêter. Et j'ai beau essayer de la consoler, elle continue de pleurer. Il n'y a rien à faire.

— Tu as une idée de la cause ?

Sayoko but le reste de sa bière, puis contempla un moment son verre vide.

— Je crois que c'est parce qu'elle a trop regardé les informations. Les images du tremblement de terre de Kobe sont sans doute trop impressionnantes pour une petite fille de quatre ans. Depuis le séisme, elle se réveille toutes les nuits. Elle dit que c'est un vilain monsieur qu'elle ne connaît pas qui vient la réveiller. Elle l'appelle le « Bonhomme Tremblement de Terre ». Il la réveille pour la faire rentrer de force dans une petite boîte. Une boîte qui n'est pas du tout de taille à contenir un être humain. Elle se débat pour ne pas y entrer, mais il la tire par la main et la plie en quatre en faisant craquer ses articulations pour la mettre de force dedans. C'est à ce moment-là qu'elle se réveille en hurlant.

— Le « Bonhomme Tremblement de Terre » ?

— Oui. Elle dit qu'il est très grand et très vieux. Quand elle se réveille, elle allume toutes les lumières de l'appartement et fait le tour des pièces en cherchant partout : dans les placards, dans l'armoire à chaussures, sous le lit, dans les tiroirs de la commode. J'ai beau lui dire que c'était un cauchemar, je n'arrive pas à la convaincre. Elle ne se calme et ne se rendort enfin que quand elle a cherché intégralement partout et qu'elle est sûre que le bonhomme n'est pas caché dans la maison. Mais ça prend au moins deux heures, et moi je suis complètement réveillée et je ne peux plus me rendormir. J'ai un manque de sommeil chronique. Du coup, je ne tiens plus debout, je suis même incapable de travailler correctement.

Il était rare que Sayoko exprime ainsi ce qu'elle ressentait.

— En tout cas, tu ferais mieux de ne pas regarder les informations pendant quelque temps, dit Junpei. Et même la télévision de manière générale. Tu ne devrais plus l'allumer du tout. Sur toutes les chaînes, ils montrent des images du séisme.

— Je ne regarde presque plus la télé. Mais ça ne change rien. Le Bonhomme Tremblement de Terre vient quand même. J'ai emmené Sara chez le pédiatre, mais tout ce qu'il a fait, c'est lui donner une sorte de sédatif pour la calmer.

Junpei réfléchit un moment à la situation avant de proposer :

— Si on allait au zoo ensemble, dimanche prochain ? Sara m'a dit qu'elle aimerait bien voir un ours en vrai.

Sayoko plissa les paupières pour mieux regarder Junpei.

— Ce serait peut-être pas mal. Ça pourrait lui changer les idées. Hmm. C'est ça, allons tous les quatre au zoo dimanche, ça fait longtemps qu'on n'est pas sortis ensemble. Tu veux bien appeler Kan pour lui en parler ?

Junpei avait trente-six ans. Il était né et avait été élevé à Nishinomiya, dans la préfecture de Hyogo, au cœur du paisible quartier résidentiel de Shukugawa. Son père était horloger-bijoutier et avait monté deux commerces, l'un à Osaka et l'autre à Kobe. Junpei avait une sœur de six ans sa cadette. Il avait fréquenté une école privée à Kobe avant d'être admis dans la prestigieuse université de Waseda, à Tokyo. Il avait réussi les examens d'entrée en faculté de littérature et en faculté de commerce, et avait choisi sans hésiter la section littéraire. Cependant, il avait menti à ses parents et leur avait fait croire qu'il avait pris la section commerciale parce qu'ils n'auraient jamais accepté de financer des études littéraires. Junpei n'avait pas l'intention de perdre quatre précieuses années à potasser les mécanismes économiques. Tout ce qu'il voulait, c'était étudier la littérature, et surtout, devenir écrivain.

En classe de culture générale, il se fit tout de suite deux amis : Takatsuki, surnommé Kan, et Sayoko. Takatsuki était originaire de Nagano et avait été capitaine de l'équipe de foot de son lycée. Il était grand, large d'épaules. Comme il lui avait fallu deux ans de préparation pour être admis à Waseda, il avait un an de plus que Junpei. Il était réaliste et décidé, avait un visage avenant qui attirait tout de suite la sympathie et une sorte d'autorité naturelle qui lui assurait la position de chef dans n'importe quel groupe. Seulement, il n'aimait pas tellement les livres. S'il s'était retrouvé en section littérature, c'est uniquement parce qu'il avait échoué à l'examen d'entrée des autres sections.

— Mais ça n'a pas d'importance. J'ai l'intention de devenir journaliste, alors autant que j'apprenne à écrire correctement, disait-il, pour être positif.

Junpei ne comprenait pas très bien ce qui avait pu l'intéresser chez Takatsuki. Lui-même était du style à s'enfermer chez lui dès qu'il avait un peu de temps libre, pour lire et écouter de la musique. Il ne s'en lassait jamais. En revanche, il n'était pas très fort en exercice physique. Comme il était timide, il avait du mal à entrer en relation avec les autres. Mais Takatsuki semblait avoir décidé de devenir ami avec Junpei au premier coup d'œil, dès la première fois qu'ils s'étaient retrouvés dans la même classe. Ce fut lui qui adressa la parole à Junpei, lui tapa légèrement sur l'épaule et lui proposa d'aller déjeuner avec lui. À dater de ce jour, ils devinrent les meilleurs amis du monde, prêts à tout comprendre et à tout pardonner. En un mot, leur entente était parfaite.

Takatsuki était en compagnie de Junpei quand il aborda Sayoko exactement de la même façon. Il tapa sur l'épaule de la jeune fille, lui proposa d'aller déjeuner avec lui et son camarade. C'est ce qu'ils firent, et ils formèrent immédiatement un trio parfaitement intime. Ils ne se déplaçaient jamais les uns sans les autres. Ils échangeaient leurs notes de cours, déjeunaient ensemble au restaurant universitaire, parlaient du futur à la cafétéria entre les cours, trouvaient des jobs aux mêmes endroits, allaient voir des festivals de vieux films qui duraient toute la nuit, ou des concerts de rock, se promenaient sans but dans les rues de Tokyo, buvaient de la bière dans de grandes brasseries jusqu'à s'en rendre malades. Autrement dit, ils faisaient ce que font tous les étudiants du monde.

Sayoko était née à Asakusa, au cœur du vieux Tokyo, où son père était propriétaire d'une boutique d'accessoires japonais traditionnels. La famille de Sayoko tenait depuis plusieurs générations ce magasin à la réputation établie, fournisseur exclusif de célèbres acteurs de kabuki. La jeune fille avait deux frères, l'un devait succéder à son père et reprendre le commerce familial, l'autre travaillait dans un cabinet d'architectes. Elle avait fait ses études au Lycée de filles oriental anglo-japonais avant d'entrer à la faculté de littérature de Waseda. Elle voulait se spécialiser en littérature anglaise et faire de la recherche plus tard. Elle adorait lire. Elle et Junpei échangeaient souvent des livres et parlaient avec passion de leurs lectures.

Sayoko avait de beaux cheveux et un regard intelligent. Elle parlait doucement mais avec franchise, et avait des opinions bien à elle, que sa bouche expressive formulait avec éloquence. Elle s'habillait simplement, sans recherche, ne

se maquillait pas et n'était pas du genre à attirer l'attention par un aspect extérieur voyant, mais elle avait un sens de l'humour particulier et, quand elle faisait une plaisanterie, tout son visage se fronçait dans une mimique qui plaisait beaucoup à Junpei. Il était persuadé que Sayoko était la femme dont il avait toujours rêvé. Il n'était jamais tombé amoureux avant de la rencontrer. (Il avait fréquenté un lycée de garçons et n'avait guère eu d'occasions de rencontrer des filles.) Cependant, il était incapable d'avouer ses sentiments à Sayoko. S'il en parlait ne serait-ce qu'une fois, il ne pourrait plus revenir en arrière. Et Sayoko se retirerait peut-être vers il ne savait quel lieu hors de sa portée. Et même si ce n'était pas le cas, la relation agréable et équilibrée qui s'était instaurée entre lui, Takatsuki et Sayoko en souffrirait certainement. « On est bien comme ça pour l'instant, se disait Junpei. Attendons encore un peu. »

Il fut devancé par Takatsuki.

— Ça m'est pénible de te dire ça comme ça, lui annonça un jour ce dernier, mais je suis amoureux de Sayoko. J'espère que ça ne te dérange pas ?

On était à la mi-septembre. Junpei était retourné dans le Kansai pour les vacances d'été et, pendant ce temps, la relation de Takatsuki et Sayoko était devenue plus intime.

— Ça s'est fait par hasard, expliqua Takatsuki.

Junpei contempla un long moment le visage de son ami. Il lui fallut un certain temps pour saisir pleinement la situation, mais, une fois qu'il l'eut intégrée, elle lui tomba dessus comme une lourde chape de plomb. Il n'avait plus le choix.

— Non, ça ne me dérange pas, répondit-il.

— J'aime mieux ça, dit Takatsuki avec un grand sourire. Tu comprends, je me faisais du souci à cause de toi, c'est vrai, on a formé une relation particulière tous les trois, ça me gênait, j'avais l'impression de t'avoir évincé.

Mais tu dois comprendre une chose, Junpei, c'est que ça serait arrivé tôt ou tard. Même si ce n'était pas arrivé maintenant, fatalement, tôt ou tard... Mais bon, les choses étant ce qu'elles sont, ça ne doit pas nous empêcher de rester amis tous les trois, tu es bien d'accord ?

Junpei passa les quelques jours suivants dans une sorte de brouillard. Il n'alla pas aux cours, ne se rendit pas à son job d'appoint, sans donner de raison valable. Il resta allongé toute la journée dans le petit studio où il vivait, ne mangea rien en dehors des quelques restes qu'il y avait dans le frigo, but toute sa réserve d'alcool, par à-coups. Il pensa sérieusement arrêter ses études. Il finirait sa vie en solitaire, dans une ville lointaine où il ne connaissait personne, et ferait un travail manuel. Cela lui paraissait l'existence la plus appropriée à son état d'esprit, désormais.

Ne le voyant pas revenir en classe, Sayoko alla lui rendre visite au bout de cinq jours. Elle portait un sweat-shirt bleu marine et un pantalon de coton blanc, et avait les cheveux attachés en queue de cheval.

— Pourquoi tu sèches les cours ? Tout le monde se fait du souci pour toi, on se demande si tu n'es pas mort ! Kan m'a suggéré d'aller aux nouvelles. Il ne tenait pas à être celui qui découvrirait ton cadavre, apparemment. C'est son côté un peu lâche, tu vois.

— J'étais souffrant, répondit Junpei.

— C'est vrai que tu as maigri, dit Sayoko en scrutant ses traits. Tu veux que je te prépare quelque chose à manger ?

Junpei secoua la tête.

— Je n'ai pas faim.

Sayoko ouvrit le réfrigérateur, grimaça en examinant l'intérieur. Il ne contenait que deux canettes de bière, un concombre tout flétri et une tablette de désodorisant. Sayoko s'assit à côté de Junpei.

— Dis, Junpei, je ne sais pas comment te dire ça, mais ce n'est pas à cause de Kan et moi que tu es fâché ?

— Je ne suis pas fâché, dit Junpei.

Et c'était vrai, il ne leur en voulait absolument pas. S'il en voulait à quelqu'un, c'était à lui-même. Il était plutôt normal que Takatsuki soit devenu l'amant de Sayoko. Ça paraissait naturel. Takatsuki était qualifié pour cela, et pas lui.

— Si on partageait une bière ? proposa Sayoko.

— D'accord.

Sayoko prit une canette dans le frigo, versa le contenu dans deux verres, en tendit un à Junpei. Ils burent en silence.

— Écoute, je suis un peu gênée de te dire ça, mais je veux rester amie avec toi. Pas seulement maintenant, mais plus tard aussi, toujours. J'aime Kan, mais j'ai besoin de toi aussi dans ma vie, dans un sens différent. Tu me trouves égoïste ?

Junpei ne savait pas vraiment ce qu'il en pensait, mais il secoua la tête pour dire non.

— Savoir quelque chose, et donner à ce quelque chose une forme tangible, c'est très

différent, tu vois. Si on pouvait faire les deux aussi bien, la vie serait plus simple.

Junpei regardait le profil de Sayoko. Il ne comprenait absolument pas ce qu'elle essayait de lui dire. « Pourquoi mon cerveau est-il toujours aussi lent ? » se demanda-t-il. Il leva la tête et contempla longuement les taches du plafond, sans raison apparente.

S'il avait avoué son amour à Sayoko avant Takatsuki, comment la situation aurait-elle évolué ? Il n'en avait pas la moindre idée. Tout ce qu'il savait, c'est qu'il ne l'avait pas fait. Les choses ne s'étaient pas passées comme ça, c'était la seule vérité.

Il entendit des larmes tomber sur les nattes. Ça faisait un drôle de petit bruit sec. Il crut un instant que c'était lui qui pleurait sans s'en rendre compte, mais c'était Sayoko.

Elle avait baissé la tête entre ses genoux, et des sanglots silencieux secouaient ses épaules.

Presque inconsciemment, Junpei tendit la main et lui entoura les épaules. Puis il l'attira doucement contre lui. Elle ne résista pas.

Il mit ses deux bras autour d'elle, posa ses lèvres sur les siennes. Elle ferma les yeux, entrouvrit la bouche. Junpei huma l'odeur de ses larmes, aspira son souffle. Il sentait la douceur de ses seins contre sa poitrine. Quelque chose bougea dans sa tête, un vaste mouvement se produisait comme si des choses changeaient de place, il entendait même un bruit, le craquement des jointures du monde. Mais cela s'arrêta là. Sayoko reprit ses esprits, baissa la tête et s'écarta de lui.

— Non, dit-elle tranquillement en secouant la tête. Ce n'est pas bien.

Junpei s'excusa. Sayoko ne répondit rien. Ils restèrent un long moment silencieux, côte à côte. Le vent qui pénétrait par la fenêtre ouverte apportait l'écho d'une radio qui diffusait une chanson à la mode. « Je suis sûr que je me rappellerai cette chanson toute ma vie », songea Junpei. Mais en fait, par la suite, il resta toujours incapable, en dépit de tous ses efforts, de se souvenir ne serait-ce que du titre de la chanson.

— Tu n'as pas à t'excuser. Ce n'est pas ta faute, dit Sayoko.

— Je crois que je ne sais plus où j'en suis, dit Junpei avec franchise.

Sayoko posa sa main sur la sienne.

— Dis, tu reviendras aux cours demain ? Tu sais, je n'ai jamais eu un ami comme toi, et tu m'apportes beaucoup, sache-le.

— Beaucoup, mais ça ne suffit pas, dit Junpei.

— Ce n'est pas vrai, dit Sayoko d'un ton résigné en baissant la tête, ce n'est pas vrai.

Junpei retourna en classe à partir du lendemain, et le trio reprit des relations amicales qui continuèrent jusqu'à la fin de leurs études. L'envie de s'en aller qui avait traversé l'esprit de Junpei s'était complètement évanouie, étrangement. Le fait de tenir Sayoko dans ses bras un moment et de poser ses lèvres sur les siennes avait apaisé quelque chose à l'intérieur de lui, tout remis en place. « En tout cas, je n'ai plus de raison d'hésiter », se disait-il. La décision avait été prise, même si c'était par un autre que lui.

Sayoko lui présentait parfois certaines de ses anciennes camarades de lycée, et ils sortaient tous les quatre, Takatsuki, Junpei, Sayoko et l'amie en question. Junpei eut une relation plus poussée avec l'une d'entre elles, ce fut la première fille avec qui il coucha. C'était peu avant son vingtième anniversaire. Pourtant, son cœur était toujours ailleurs. Il était toujours courtois, tendre et gentil avec sa petite amie, mais ne se montrait jamais passionné ou totalement aux petits soins avec elle. C'était seulement quand il écrivait des romans seul dans son coin qu'il éprouvait de la passion ou de la dévotion. Sa petite amie ne tarda pas à aller chercher ailleurs de la véritable chaleur et le quitta. La même chose se reproduisit avec d'autres filles.

Quand Junpei acheva ses études, ses parents découvrirent qu'il avait un diplôme de littérature et non de commerce, et ses relations avec eux devinrent difficiles. Son père souhaitait qu'il rentre dans le Kansai pour prendre sa suite à la tête du commerce familial, mais Junpei n'en avait pas l'intention. Il répondit qu'il voulait rester à Tokyo et écrire des romans. Ses parents refusèrent tout compromis et une violente dispute s'ensuivit. Des mots qui n'auraient pas dû être prononcés franchirent les lèvres des uns et des autres. Depuis, Junpei n'avait pas revu ses parents. C'était normal que les choses ne se passent pas bien, se disait-il. À la différence de sa sœur qui s'était toujours bien entendue avec ses parents, lui n'avait fait que se heurter à eux et à leurs opinions depuis sa petite enfance. « La rupture est donc consommée », pensait Junpei avec un sourire amer. Tout à fait le genre de conflit qu'avaient les écrivains des années 1920 avec leurs parents à l'éducation rigide et confucéenne.

Junpei ne chercha pas d'emploi fixe, mais se consacra à l'écriture tout en faisant de petits jobs alimentaires. À cette époque, dès qu'il avait fini d'écrire quelque chose, il s'empressait de le faire lire à Sayoko pour lui demander son opinion sincère. Ensuite, il corrigeait son texte en tenant compte de ses remarques, le réécrivant patiemment et soigneusement jusqu'à ce qu'elle lui donne enfin un avis favorable. Il n'avait aucun autre conseiller en littérature, ne fréquentait pas d'autres jeunes gens écrivant comme lui. L'avis de Sayoko était la seule lumière ténue qui le guidait.

À vingt-quatre ans, il écrivit une nouvelle qui remporta le prix des nouveaux écrivains décerné par un magazine littéraire, et figura sur la liste des sélectionnés pour le prix Akutagawa. Au cours des cinq années suivantes, des œuvres de Junpei furent quatre fois présentées pour ce prix littéraire, le plus célèbre du Japon. Il obtenait toujours des notes élevées mais jamais le prix, devenant ainsi l'éternel candidat prometteur mais malchanceux. Les remarques étaient toujours du même ordre : « Une œuvre d'une qualité littéraire étonnante pour un si jeune candidat. Un sens de la description remarquable, et une grande finesse dans l'analyse psychologique des personnages. On note

cependant une tendance à la sentimentalité et un manque de fraîcheur novatrice ainsi que de véritable perspective littéraire. »

Ces critiques faisaient rire Takatsuki.

— Ils sont tous à côté de la plaque, ces types, disait-il. Une véritable perspective littéraire ! Qu'est-ce que ça veut dire, au juste ? Les gens normaux n'utilisent pas ce genre de vocabulaire. Est-ce qu'on dit : le ragoût de ce soir manque de véritable perspective bovine ?

À trente ans, Junpei avait déjà publié deux recueils de nouvelles. Le premier s'appelait *Chevaux sous la pluie*, le deuxième *Raisin*. Le premier se vendit à dix mille exemplaires, le suivant à douze mille, ce qui, d'après son éditeur, n'était pas mal pour un jeune auteur de nouvelles, d'autant que ce n'était pas de la littérature populaire, mais de la littérature du niveau le plus pur. Les critiques de la presse étaient plutôt favorables à Junpei, sans aller toutefois jusqu'à suivre et soutenir avec passion le parcours de ce jeune écrivain.

Les nouvelles de Junpei racontaient généralement l'histoire de jeunes hommes et femmes plongés dans les affres de passions amoureuses sans espoir. La conclusion était toujours sombre, et quelque peu sentimentale. C'était bien écrit, tout le monde s'accordait à le dire. Mais, sans doute aucun, son style un tantinet lyrique, ses intrigues vieillottes étaient trop éloignés des tendances littéraires du moment. Les lecteurs de sa génération réclamaient des histoires et un style plus puissants, plus inventifs. C'était l'époque des jeux vidéo et du rap, après tout. L'éditeur de Junpei l'encouragea à écrire un roman. S'il continuait à n'écrire que des nouvelles, il utiliserait sans fin les mêmes matériaux, et son monde fictif finirait par s'appauvrir de toute façon, lui dit-il. Dans de nombreux cas, écrire un roman ouvrait de nouvelles perspectives à un auteur. Et d'un point de vue purement pratique, les romans attiraient davantage l'attention du public que les nouvelles. S'il avait l'intention de vivre de l'écriture, se spécialiser dans la nouvelle ne lui faciliterait pas les choses.

Junpei, cependant, était né pour écrire des nouvelles.

Il s'enfermait dans sa chambre et écrivait le premier jet d'une nouvelle en trois jours, dans la solitude complète, le souffle tendu, abandonnant toute préoccupation autre que l'écriture. Quatre jours de plus, et il avait un manuscrit achevé. Ensuite, naturellement, après avoir fait lire le texte à Sayoko et à son éditeur, il se livrait à quelques corrections et remaniements de détail. Mais fondamentalement, la bataille était gagnée pendant cette première semaine de travail. Tous les éléments importants étaient intégrés, décidés. Cette façon de travailler s'accordait bien avec la personnalité de Junpei. Une concentration intense sur une brève période de temps. Des images et un langage condensés. Mais quand il s'essaya à écrire un roman, il se retrouva en pleine confusion. Comment parvenir à maintenir et à contrôler sa concentration mentale pendant plusieurs mois de suite, une année peut-être ? Il n'arrivait pas à trouver son rythme.

Après plusieurs tentatives pour écrire un roman, qui se soldèrent immanquablement par un échec, il finit par renoncer. Que cela lui plaise ou non, la seule voie pour lui était d'écrire des nouvelles. C'était son style. Il ne pourrait changer de personnalité, en dépit de tous ses efforts. Un second, si doué soit-il, n'avait pas l'étoffe d'un capitaine.

La vie toute simple de célibataire que menait Junpei entraînait peu de frais. Dès que ses revenus couvraient le minimum nécessaire, il cessait d'accepter du travail. Il n'avait qu'un paisible matou à nourrir. Il dénichait toujours des petites amies peu exigeantes, et, quand il se lassait d'elles, trouvait un prétexte pour les quitter. Parfois, une fois par semaine environ, il se réveillait à des heures étranges en pleine nuit, en proie à de terribles angoisses. Il ressentait avec acuité que, quels que soient les efforts qu'il fournirait, il n'arriverait jamais nulle part. Dans ces cas-là, il se forçait à s'asseoir devant

sa table et à se remettre au travail ou alors se mettait à boire jusqu'à ne plus tenir debout. En dehors de ces crises, il menait une vie paisible, sans accroc.

Takatsuki, de son côté, avait trouvé un poste dans un grand quotidien national, selon ses vœux. Comme il n'avait pas beaucoup travaillé à l'université, ses notes n'étaient pas spécialement brillantes, mais il avait fait excellente impression lors de l'entretien d'embauche et avait été engagé en un rien de temps. Sayoko, quant à elle, préparait son doctorat de lettres, comme elle l'avait souhaité. Six mois après la fin de ses études, elle épousa Takatsuki. Le mariage donna lieu à une fête très animée, bien en accord avec la personnalité de Takatsuki. Les jeunes mariés allèrent en France pour leur voyage de noces. Leur vie démarrait avec le vent en poupe. Ils achetèrent un appartement de deux pièces dans le quartier de Koenji. Deux ou trois fois par semaine, Junpei passait les voir et dînait avec eux. Takatsuki et Sayoko avaient toujours l'air sincèrement ravis de le voir. Ils se sentaient presque plus décontractés avec Junpei à leurs côtés que dans leur intimité de couple.

Takatsuki aimait son métier de journaliste. Il travailla d'abord pour la rubrique faits divers : on l'envoyait ici et là en reportage, et il eut maintes fois l'occasion de voir des cadavres.

— Heureusement, disait-il, je me suis vite habitué, la vue d'un mort ne me fait plus rien. J'en ai vu de toutes les sortes : des cadavres écrabouillés par des trains, des cadavres calcinés par les flammes, de vieux cadavres putréfiés et verdâtres, des cadavres enflés de noyés, des cadavres à la cervelle éclatée d'hommes tués par balle, des cadavres en morceaux, aux membres et à la tête séparés du corps. Tant qu'on est vivant, on est tous différents, mais une fois mort, tout le monde se ressemble. Juste une coquille vide devenue inutile.

Parfois, il était si occupé par son travail qu'il ne rentrait à la maison qu'au petit matin. Dans ces cas-là, Sayoko appelait souvent Junpei. Elle savait très bien qu'il ne se couchait jamais avant l'aube.

— On peut discuter ? Tu es en train de travailler ?

— Non, non, je ne fais rien de particulier.

Ils parlaient des livres qu'ils avaient lus récemment, de ce qui se passait dans leur vie quotidienne. Ils parlaient aussi du passé. Des événements de leur jeunesse, de cette époque où ils étaient tous les trois libres, indomptables et spontanés. Ils n'évoquaient pratiquement jamais le futur. Au cours de ces conversations, Junpei finissait toujours, à un moment donné, par repenser au jour où il avait pris Sayoko dans ses bras. La douceur de ses lèvres, l'odeur de ses larmes, le contact de ses seins contre sa poitrine, tout cela lui paraissait aussi proche que si cela venait juste d'arriver. Il revoyait tous les détails avec netteté, jusqu'à la lumière transparente du début d'automne, sur les nattes de son studio. Sayoko venait d'avoir trente ans quand elle tomba enceinte. Elle était alors assistante en faculté,

mais elle prit un congé et mit au monde une petite fille. La mère, le père et Junpei réfléchirent ensemble au prénom à donner au bébé, ce fut celui suggéré par Junpei, Sara, qui fut choisi.

— Ça sonne joliment, dit Sayoko.

L'accouchement se déroula sans difficulté et, cette nuit-là, Takatsuki et Junpei se retrouvèrent seuls sans Sayoko pour la première fois depuis longtemps, dans l'appartement du couple. Attablés face à face dans la cuisine, ils vidèrent ensemble la bouteille de whisky que Junpei avait apportée pour fêter l'événement.

— Pourquoi le temps passe-t-il aussi vite ? demanda Takatsuki avec une gravité qui ne lui ressemblait guère. Il me semble que je viens tout juste d'entrer à l'université, de te rencontrer et de rencontrer Sayoko... Mais, en même temps, je sais que je suis devenu père. Ça me fait un drôle d'effet, comme si je regardais un film en accéléré. Toi, tu dois avoir du mal à comprendre ça. Tu vis toujours comme un étudiant... Je t'envierais presque, tiens.

— Il n'y a vraiment pas de quoi m'envier, tu sais.

Cependant, Junpei comprenait très bien ce que ressentait Takatsuki. Sayoko était maman, maintenant. Cette réalité représentait un choc pour Junpei aussi. Les roues de la vie avançaient sans un instant de répit, avec un grincement sec, et une chose était certaine : elles ne reviendraient pas en arrière. En revanche, il ne savait pas très bien comment réagir face à cet événement.

— Tu sais, je peux te le dire maintenant, mais je pense que Sayoko était plus amoureuse de toi que de moi, au départ, dit Takatsuki.

Il était passablement ivre, mais son regard était plus grave que d'ordinaire.

— Je n'y crois pas ! dit Junpei en riant.

— Eh bien, tu as tort. Moi, je le sais. Tu n'avais pas compris, c'est tout. Tu peux écrire de belles phrases élégantes, c'est sûr, mais pour ce qui est de comprendre ce que ressent une femme, tu es plus insensible qu'un noyé. Mais moi, je l'aimais, Sayoko, aucune femme ne pouvait la remplacer pour moi. Alors, il fallait que je l'aie. Même maintenant, je pense que c'est la femme la plus merveilleuse qui soit au monde. Et je pense que j'avais le droit qu'elle soit à moi.

— Personne ne dit le contraire, dit Junpei.

Takatsuki hocha la tête.

— Mais tu n'as toujours pas compris, dit-il. Parce que tu es d'une bêtise irrécupérable. Enfin, peu importe que tu sois bête. Tu n'es pas un mauvais bougre. D'abord, c'est toi qui as choisi le prénom de ma fille, tu es son parrain, quoi.

— Bon, d'accord, mais je ne comprends rien aux choses importantes, c'est ça ?

— Exactement. Tu ne comprends rien aux choses importantes, voilà. Rien du tout. Et pourtant, tu arrives à écrire, je me demande bien comment tu fais.

— L'écriture, ce n'est pas la vie, voilà pourquoi.

— Enfin, quoi qu'il en soit, on est quatre maintenant, dit Takatsuki en poussant un léger soupir. Mais je me demande… Tu crois que c'est un bon chiffre, quatre ?

2

SARA ALLAIT sur ses deux ans quand les relations entre Sayoko et Takatsuki se détériorèrent au point que la rupture devint inévitable. Junpei l'apprit de la bouche même de Sayoko, qui lui avoua la situation en s'excusant presque. Takatsuki avait une maîtresse, expliqua-t-elle, et ne rentrait presque plus à la maison. L'histoire datait de la grossesse de Sayoko, il s'agissait d'une des collègues de Takatsuki, au journal. Cependant, Sayoko eut beau lui expliquer les faits le plus concrètement possible, Junpei ne parvenait pas à les assimiler. Quel besoin Takatsuki avait-il d'une maîtresse ? N'avait-il pas affirmé la nuit même de la naissance de Sara que Sayoko était la femme la plus merveilleuse du monde ? Ces mots paraissaient venir du fond de son cœur. Et puis, Takatsuki adorait sa fille. Pourquoi fallait-il qu'il laisse tomber sa famille ?

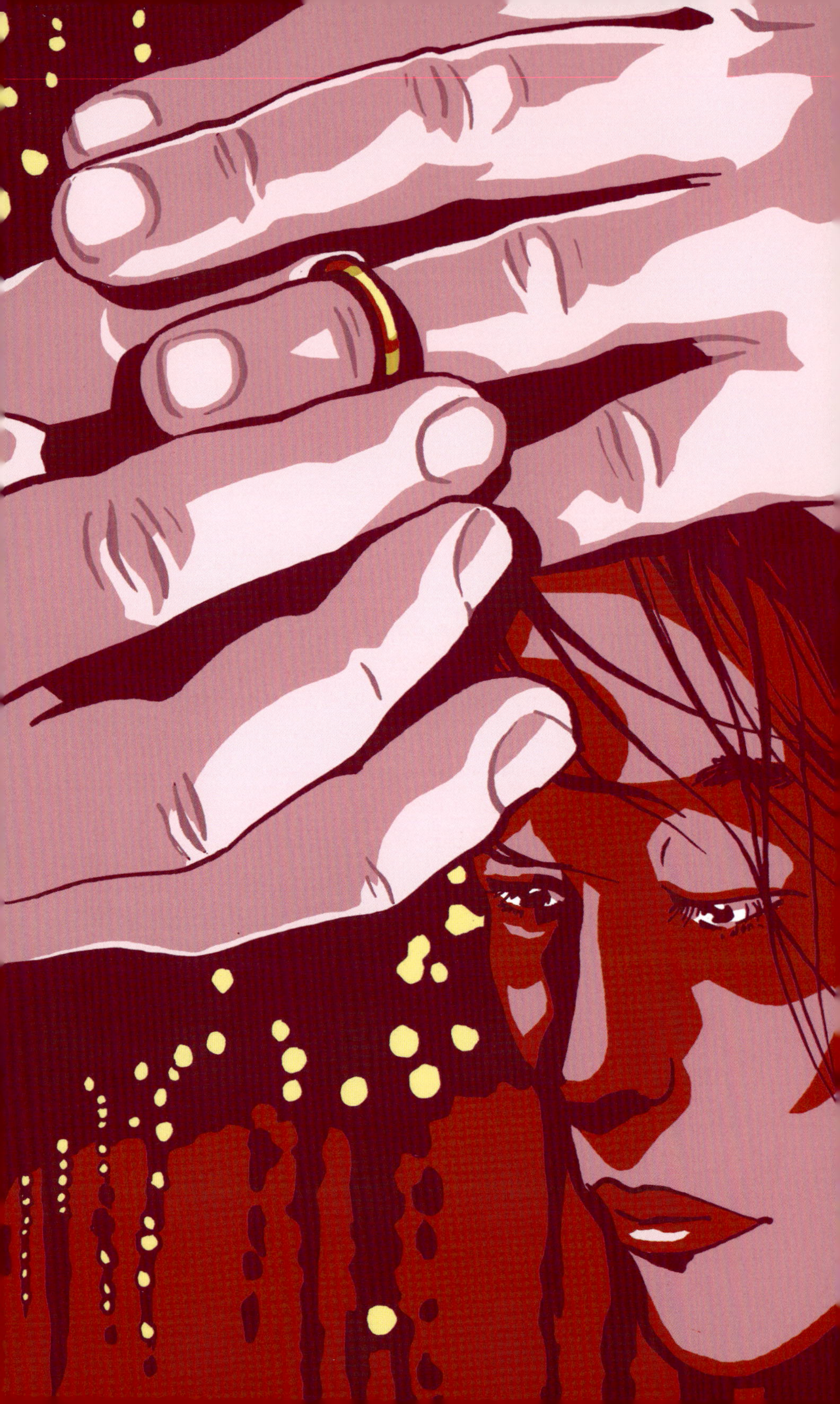

— Écoute, je suis souvent venu dîner chez vous, non ? Je n'ai jamais eu l'impression de la moindre discorde entre vous. Vous aviez l'air heureux ensemble, et, à mes yeux, vous étiez presque le couple parfait.

— C'est vrai, dit Sayoko en souriant paisiblement. On ne s'est jamais menti, on n'a jamais joué la comédie. Mais ça n'a rien à voir. Kan a une maîtresse, et on ne peut plus revenir en arrière. Voilà pourquoi on envisage de se séparer. Mais ne t'inquiète pas trop pour nous. Je suis sûre que tout ira mieux entre nous comme ça. Dans de nombreux sens.

« Dans de nombreux sens », avait-elle dit. Décidément, le monde était plein de mots difficiles à comprendre, pensa Junpei.

Quelques mois plus tard, Sayoko et Takatsuki divorçaient officiellement. Ils durent se mettre d'accord sur de nombreux points concrets, mais aucune dissension ne s'éleva entre eux. Aucun reproche ne fut échangé, il n'y eut aucune divergence d'avis. Takatsuki quitta la maison pour aller vivre avec sa petite amie, Sara resta vivre avec sa mère. Takatsuki venait une fois par semaine à Koenji rendre visite à sa fille. Ils tombèrent d'accord sur le fait que la présence de Junpei à ces moments-là était préférable, dans la mesure où il pouvait venir.

— Ça nous rend les choses plus faciles, expliqua Sayoko à Junpei.

— Plus faciles ? répéta Junpei.

Il se sentit soudain terriblement vieux. « Pourtant, je viens tout juste d'avoir trente-trois ans », songea-t-il.

Sara appelait Takatsuki « papa » et Junpei « Jun ». Tous les quatre formaient une étrange famille factice. Quand il venait voir sa fille, Takatsuki avait son ton joyeux habituel, et Sayoko se comportait avec naturel, comme si de rien n'était. Il semblait même qu'elle se comportait plus naturellement maintenant qu'avant. Sara ne comprenait pas encore que ses parents étaient divorcés. Junpei ne faisait aucun commentaire, jouait le rôle qui lui était imparti sans se plaindre. Ils plaisantaient ensemble comme autrefois, évoquaient des souvenirs. La seule

chose que Junpei comprenait était que ces retrouvailles leur étaient nécessaires à tous les trois.

— Dis, Junpei, fit un jour Takatsuki sur le chemin du retour, après une visite à Koenji. C'était une nuit de lune, et leurs haleines blanches s'élevaient dans l'air froid.

— Tu as l'intention de te marier un jour ?

— Pas pour le moment, répondit Junpei.

— Tu n'as pas une petite amie avec qui tu l'envisages ?

— Je ne crois pas.

— Tu devrais épouser Sayoko, alors.

Junpei regarda Takatsuki comme s'il était ébloui.

— Pourquoi ? demanda-t-il.

— Pourquoi ?!

C'était plutôt Takatsuki qui avait l'air surpris, maintenant.

— Mais c'est évident, voyons ! Pour commencer, parce que je ne veux pas qu'un autre homme que toi me remplace auprès de Sara.

— Tu voudrais que j'épouse Sayoko pour cette seule raison ?

Takatsuki poussa un soupir, passa son bras musclé autour des épaules de son ami.

— L'idée de te marier avec Sayoko ne te plaît pas ? Ou est-ce le fait de passer après moi ?

— Ce n'est pas ça le problème. Ce qui me gêne, c'est que tu sembles l'envisager comme une espèce de marché entre nous. C'est… C'est une question de décence.

— Il ne s'agit pas d'un marché, dit Takatsuki. Et je ne vois pas ce que la décence vient faire là-dedans. Tu aimes Sayoko, non ? Et tu aimes Sara aussi. Je me trompe ? Ce n'est pas le plus important ? Tu as sûrement tes propres idées un peu compliquées sur la question. Je comprends ça. Mais pour moi, tu as seulement l'air d'essayer d'enlever ton slip sans avoir enlevé ton pantalon avant, c'est tout.

Junpei ne répondit rien. Takatsuki se taisait, lui aussi. Il était inhabituel pour lui de garder le silence si longtemps. Côte à côte, soufflant une haleine blanche, ils continuèrent à marcher vers la gare en silence.

— De toute façon, tu n'es qu'un bon à rien et un idiot, finit par dire Junpei.

— Ça, tu peux le dire, répondit Takatsuki. Tu as entièrement raison. Je ne le nie pas. Je suis en train de ficher ma vie en l'air. Mais écoute, Junpei, personne n'y pouvait rien. Personne ne pouvait empêcher que ça arrive, ni arrêter les choses en route. Moi non plus, je ne sais pas pourquoi c'est arrivé. Et je ne peux pas le justifier non plus. Mais ça s'est passé, voilà. Et même si ce n'était pas arrivé maintenant, ce serait arrivé un jour ou l'autre.

Junpei eut l'impression d'avoir déjà entendu cette réplique quelque part.

— Tu te rappelles ce que tu m'as dit, la nuit où Sara est née ? Que Sayoko était la femme la plus merveilleuse de la Terre ? Tu t'en souviens ? Et que tu ne l'échangerais contre personne au monde ?

— C'est toujours vrai. Ça n'a pas changé. Mais il arrive parfois que les choses ne marchent pas justement pour cette raison.

— Je ne comprends pas ce que tu veux dire.

— Et tu ne comprendras jamais, dit Takatsuki, puis il secoua la tête.

Il s'arrangeait toujours pour avoir le dernier mot.

Deux années s'étaient écoulées depuis le divorce. Sayoko n'avait pas repris son travail à l'université. Junpei l'avait recommandée à un ami éditeur et elle faisait de la traduction. Elle s'en sortait très bien. Elle était non seulement douée pour les langues, mais elle avait du talent pour écrire. Elle travaillait rapidement, de façon soignée et efficace. L'éditeur avait été si impressionné par la qualité de son travail que, le mois suivant son premier essai, il lui avait confié une œuvre littéraire substantielle à traduire. Ce n'était pas très bien payé, mais ajouté à la pension que Takatsuki lui versait chaque mois, ce revenu lui permettait de vivre confortablement avec sa fille.

Takatsuki, Sayoko et Junpei continuaient à se retrouver chaque semaine, et dînaient ensemble avec Sara. Il arrivait parfois que Takatsuki, retenu par un reportage, ne puisse venir. Dans ces cas-là, Sayoko, Junpei et Sara dînaient tous les trois sans lui, et leur tablée tranquille ressemblait à la vie quotidienne d'un couple avec un enfant. N'importe qui ne les connaissant pas les aurait pris pour une famille ordinaire. Junpei continuait d'écrire des nouvelles à un rythme régulier, et son quatrième recueil, *Lune silencieuse*, paru alors qu'il avait trente-cinq ans, lui valut un prix littéraire réservé aux auteurs reconnus. La nouvelle qui donnait son titre au livre fut adaptée en film. Outre ses recueils de nouvelles, Junpei avait publié plusieurs ouvrages de critique musicale, un livre sur l'art des jardins, et traduit un recueil de nouvelles de John Updike. Tous ces livres furent bien accueillis par la critique. Il avait développé un style personnel qui lui permettait de transposer en phrases concises et convaincantes des nuances subtiles de lumière, des résonances musicales profondes. Il avait fini par s'attacher un lectorat fidèle, et ses revenus s'étaient eux aussi stabilisés. Peu à peu, il s'était assuré une position de véritable écrivain.

Il continuait à penser sérieusement à demander Sayoko en mariage. Parfois, il y réfléchissait toute la nuit, n'en dormant plus jusqu'au matin. Ça l'empêchait même de travailler. Mais il n'arrivait toujours pas à se décider. À la réflexion, depuis le début, ses relations avec Sayoko avaient toujours été déterminées par quelqu'un d'autre. Il avait toujours été dans une position passive. C'était Takatsuki qui les avait fait se rencontrer, lui qui les avait choisis dans la classe et avait fondé leur inséparable trio. Ensuite, c'était lui qui l'avait épousée, qui lui avait fait un enfant, puis l'avait quittée. Et maintenant c'était lui encore qui pressait Junpei de lui passer la bague au doigt. Bien sûr, Junpei aimait Sayoko, il n'y avait pas le moindre doute là-dessus. Et c'était l'occasion idéale pour se marier enfin avec elle. Elle ne repousserait sans doute pas sa proposition. Cela aussi, il le savait. Mais tout lui paraissait un peu trop parfait. Où était sa propre force de décision dans tout cela ? Il continuait à hésiter, sans aboutir à la moindre conclusion. C'est alors que le tremblement de terre survint.

Junpei se trouvait en Espagne à ce moment-là. Il faisait un reportage à Barcelone pour le compte du magazine de bord d'une compagnie d'aviation. Un soir, en rentrant à l'hôtel, il alluma la télévision pour regarder les informations : il vit des images de fumée noire s'élevant au-dessus de rues en ruine, on aurait dit une ville détruite par une attaque aérienne. Comme le commentaire était en espagnol, Junpei ne comprit pas tout de suite de quel endroit il s'agissait. Cependant il reconnut vite Kobe. Aucun doute : c'étaient bien les paysages de son enfance. L'autoroute qui traversait Ashiya s'était complètement effondrée.

— Vous êtes bien originaire de Kobe, non ? lui demanda le photographe qui l'accompagnait.

— Oui.

Mais il n'essaya pas pour autant de téléphoner à ses parents. Leur mésentente était trop profonde, durait depuis trop longtemps pour qu'il y ait la moindre possibilité de réparation. Junpei reprit l'avion, rentra à Tokyo, retourna à sa vie habituelle. Il n'alluma plus la télévision, ne lut pas les journaux. Quand on parlait du tremblement de terre, il se taisait. C'était l'écho d'un passé qu'il avait enterré il y avait trop longtemps. Il n'avait pas remis les pieds dans cette ville depuis sa sortie de l'université. Pourtant, les scènes de dévastation entrevues sur l'écran de la télévision espagnole avaient ravivé une blessure profondément enfouie en lui. Cette catastrophe d'une ampleur inégalée, qui avait fait de nombreuses victimes, semblait avoir transformé tous les aspects de sa vie, sans bruit, mais de fond en comble. Junpei ressentait une profonde solitude, inconnue jusqu'alors. « Je n'ai pas de racines, se disait-il. Je ne suis relié à rien. »

Très tôt, ce dimanche matin où ils devaient se rendre tous ensemble au zoo, Junpei reçut un appel de Takatsuki.

— Je dois prendre l'avion pour Okinawa, expliqua ce dernier. J'ai obtenu un entretien seul à seul avec le préfet. Une interview d'une heure entière. Je suis désolé, mais vous irez au zoo sans moi. Le gros nounours ne m'en voudra pas, j'espère.

Junpei se rendit donc au zoo d'Ueno en compagnie de Sayoko et de Sara. Il prit la fillette dans ses bras pour lui montrer les ours.

— C'est lui, Masakichi ? demanda-t-elle en pointant le doigt vers le plus gros et le plus noir des ours.

— Non, ce n'est pas lui, Masakichi est plus petit, et il a l'air plus intelligent. Non, lui, c'est Tonkichi, la grosse brute.

— Tonkichi ! appela plusieurs fois Sara en direction de l'ours, qui ne lui prêta aucune attention.

Sara se tourna vers Junpei.

— Dis, Jun, tu me racontes l'histoire de Tonkichi ?

— Ah, écoute, je suis embêté, je ne connais pas d'histoires très amusantes sur Tonkichi.

Il n'est pas comme Masakichi, tu vois, c'est un ours tout ce qu'il y a d'ordinaire. Il ne sait ni parler ni compter, lui.

— Mais il doit bien y avoir au moins une chose intéressante sur lui. Juste une.

— Oui, tu as raison. Même l'ours le plus ordinaire cache au moins une chose intéressante. C'est vrai. J'avais oublié ça. Eh bien, Tonchiki, tu vois...

— Tonkichi, le corrigea Sara, non sans impatience.

— Pardon. Tonkichi, donc, tout ce qu'il sait faire, c'est attraper des saumons. Quand il vivait dans la nature, il se cachait derrière un rocher dans la rivière, et il attrapait les saumons au passage. Il faut être très rapide pour faire ça. Tonkichi n'était pas un ours très intelligent, mais il pouvait attraper plus de saumons que n'importe quel autre ours de ces montagnes. Mais comme il ne parlait pas le langage des humains, il ne pouvait pas aller vendre son surplus de saumons au marché.

— Pourtant, c'est facile, dit Sara. Il n'a qu'à échanger les saumons qu'il a en trop contre du miel de Masakichi. Masakichi, il a tellement de miel qu'il ne peut pas tout manger, non ?

— Exactement. Tu as tout à fait raison, et d'ailleurs Tonkichi a eu la même idée que toi. Il a échangé ses saumons contre le miel de Masakichi, et ça leur a permis à tous les deux de mieux se connaître. Tonkichi s'est aperçu que Masakichi n'était pas un ours aussi prétentieux qu'il le croyait, et Masakichi s'est aperçu que Tonkichi n'était pas juste une grosse brute. Et ils sont devenus amis. Ils se sont vus souvent, discutant de tout un tas de choses. Ils partageaient ce qu'ils avaient appris, se racontaient des blagues. Tonkichi mettait toute son énergie à attraper des saumons, et Masakichi mettait toute son énergie à cueillir du miel. Mais un beau jour, comme un coup de tonnerre dans un ciel serein, les saumons ont disparu de la rivière.

— Un coup de tonnerre… ?

— … dans un ciel serein. Ça veut dire « tout d'un coup », expliqua Sayoko.

— Tout d'un coup, les saumons ont disparu, dit Sara d'un air abattu. Mais pourquoi ?

— Tous les saumons du monde ont organisé une grande réunion pour discuter, et ils ont décidé de ne plus aller dans cette rivière. Parce que dans cette rivière il y avait un ours trop habile à les attraper. À partir de ce moment-là, Tonkichi n'a plus jamais pris un seul saumon. De temps en temps, il arrivait bien à attraper une petite grenouille maigrichonne pour se nourrir, mais s'il existe quelque chose de mauvais à manger, c'est bien une grenouille toute maigre.

— Pauvre Tonkichi ! dit Sara.

— C'est pour ça qu'on l'a envoyé au zoo, finalement ? demanda Sayoko.

— Ça, c'est encore une longue histoire, dit Junpei.

Il toussota et reprit :

— Mais enfin, fondamentalement, oui, c'est ça.

— Et Masakichi, il n'a pas aidé Tonkichi ? demanda Sara.

— Si, bien sûr, il a essayé de l'aider. C'était son meilleur ami, après tout. C'est fait pour ça, les amis. Il a partagé son miel avec lui gratuitement. Mais Tonkichi a dit : « Non, je ne peux pas te laisser faire ça, j'aurais l'impression de profiter de ta gentillesse. » Masakichi lui a répondu : « Ne parle pas comme si nous étions des étrangers l'un pour l'autre, Tonkichi. Si c'était moi qui étais à ta place, je suis sûr que tu agirais comme moi. » Pas vrai ?

— Évidemment, dit Sara en hochant vigoureusement la tête.

— Mais leurs relations n'en sont pas restées là très longtemps, intervint Sayoko.

— Exactement, reprit Junpei. « Toi et moi, a dit Tonkichi, nous sommes censés être des amis. Ce n'est pas juste que l'un ne fasse que donner et que l'autre ne fasse que prendre. Ce n'est pas ça, la véritable amitié. Alors, écoute, Masakichi, je vais descendre de la montagne et aller tenter ma chance ailleurs. Et si nous nous rencontrons à nouveau, toi et moi, tu redeviendras mon meilleur ami. » Là-dessus, ils se sont serré la main et se sont séparés. Mais quand Tonkichi est descendu de la montagne, il s'est aussitôt fait prendre au piège par un chasseur. C'est que Tonkichi ne connaissait pas bien le monde, il ne s'était pas méfié. Il a donc perdu sa liberté et a été expédié au zoo.

— Le pauvre !

— Tu aurais pu trouver une fin plus gaie. Dans le genre « ils se sont retrouvés et ont vécu heureux ensemble pour toujours », dit Sayoko à Junpei un peu plus tard.

— Je n'ai pas eu d'autre idée pour la fin, répondit ce dernier.

Ce soir-là, Sayoko, Junpei et Sara dînèrent ensemble tous les trois, comme d'habitude, dans le petit appartement de Sayoko.

Sayoko fit cuire des pâtes et décongela de la sauce tomate en fredonnant *La Truite* de Schubert pendant que Junpei préparait une salade de haricots verts et d'oignons.

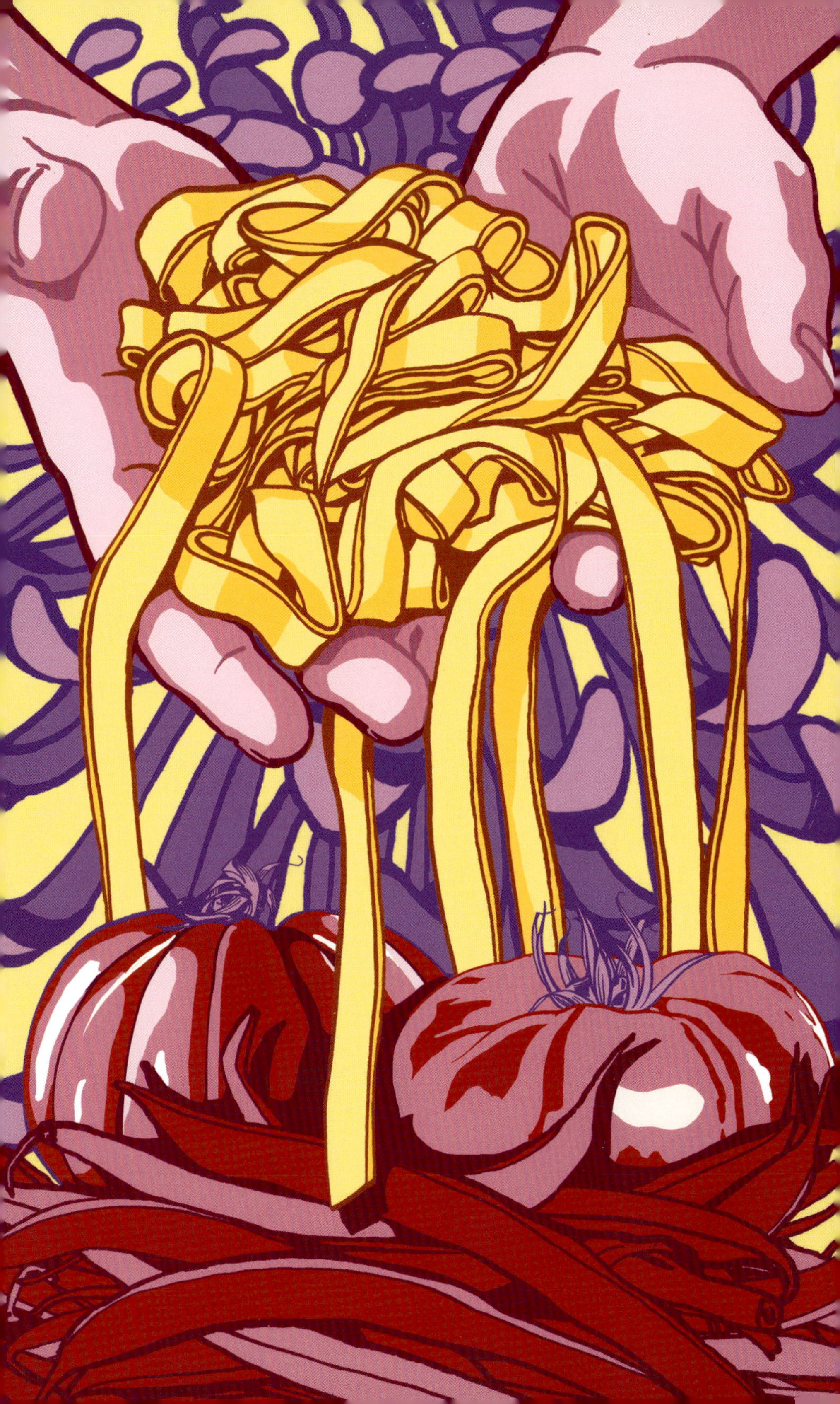

Ils ouvrirent une bouteille de vin rouge et en burent un verre chacun, tandis que Sara buvait du jus d'orange. Plus tard, après avoir rangé la vaisselle, Junpei lut une histoire à Sara dans un livre d'images. Une fois le livre fini, ce fut l'heure de dormir. Mais Sara refusait d'aller se coucher.

— Dis, maman, fais le jeu du soutien-gorge, demanda-t-elle.

Sayoko devint toute rouge.

— Pas question, je ne peux pas le faire devant un invité, Sara.

— Mais ce n'est pas un invité, c'est Jun.

— De quoi s'agit-il ? demanda Junpei.

— Oh, juste un jeu idiot, dit Sayoko.

— Maman doit dégrafer son soutien-gorge sous ses vêtements, le poser sur la table, et le remettre en gardant toujours une main sur la table. Elle n'a pas le droit de bouger cette main, sinon elle a perdu. Et puis on compte combien de temps elle met. Elle est très forte, maman, tu sais.

— Allez, ça suffit avec ça, dit Sayoko en secouant la tête, c'est un petit jeu entre nous, à la maison. Ça me gêne de le faire devant quelqu'un.

— Ça a l'air amusant, pourtant, dit Junpei.

— Allez, s'il te plaît, maman ! Montre-le à Jun. Juste une fois, s'il te plaît. Je te promets d'aller dormir, après.

— Bah, tant pis, dit Sayoko.

Elle ôta sa montre numérique et la tendit à Sara.

— Après, tu dors, hein, promis ? Allez, je compte jusqu'à trois et je commence. Tu regardes bien la montre, hein ?

Sayoko portait un grand pull noir à col ras du cou. Elle posa les deux mains sur la table, dit : « Un, deux, trois ! », puis sa main droite remonta dans la manche de son pull comme une tortue qui rentre la tête. Ensuite, elle parut se gratter légèrement le dos, puis elle ressortit sa main droite, la posa sur la table et ce fut au tour de la gauche de disparaître à l'intérieur du pull. Sayoko tourna légèrement la tête, et sa main gauche réapparut, tenant un petit soutien-gorge blanc sans armatures. Elle avait été incroyablement rapide. Le soutien-gorge disparut aussitôt dans la manche, la main gauche ressortit, la droite se faufila dans une manche à son tour, le dos s'agita légèrement, la main droite ressortit, et Sayoko reposa les deux mains sur la table : c'était fini.

— Vingt-cinq secondes, annonça Sara. Maman, c'est formidable, tu as battu un nouveau record. Le plus rapide, c'était trente-six secondes.

Junpei applaudit.

— Magnifique ! Un vrai tour de magie !

Sara battit des mains. Sayoko se leva.

— Bon, allez, le spectacle est fini. Au dodo, maintenant, comme promis.

Sara posa un baiser sur la joue de Junpei et alla se coucher.

Après avoir vérifié que la petite dormait paisiblement, Sayoko retourna s'asseoir sur le canapé du salon et avoua à Junpei :

— En fait, tu sais, j'ai triché.

— Triché ?

— Oui, je n'ai pas remis mon soutien-gorge, je l'ai laissé tomber par terre derrière mon dos sous mon pull.

Junpei se mit à rire.

— Mère indigne, va !

— Je voulais battre un nouveau record, dit Sayoko en riant, les paupières plissées.

Cela faisait longtemps que Junpei ne l'avait pas vue rire de façon aussi spontanée. Il sentit l'axe du temps vaciller en lui, comme un rideau agité par la brise. Lorsqu'il tendit la main vers l'épaule de Sayoko, elle prit aussitôt cette main dans la sienne. Puis ils s'enlacèrent sur le canapé. Ils se serrèrent dans les bras l'un de l'autre comme si c'était tout naturel, leurs lèvres se rencontrèrent. Rien n'avait changé depuis l'époque de leurs dix-neuf ans. Les lèvres de Sayoko avaient le même parfum sucré.

— Nous aurions dû être comme ça depuis le début, murmura Sayoko d'une toute petite voix une fois qu'ils furent dans la chambre. Mais

tu étais le seul à ne pas le savoir. Tu n'avais rien compris. Jusqu'à ce que les saumons disparaissent de la rivière.

Ils se déshabillèrent, s'enlacèrent tendrement. Ils se touchaient maladroitement, comme deux adolescents faisant l'amour pour la première fois. Chacun vérifia ainsi longuement la présence de l'autre, puis Junpei pénétra Sayoko. Elle l'accueillit totalement en elle. Mais Junpei n'arrivait pas à croire à la réalité de ce qui se passait. Il avait l'impression de traverser un pont désert et infiniment long dans la pénombre. Sayoko réagissait à chacun de ses mouvements. Il fut plusieurs fois sur le point d'éjaculer mais se retint. Il craignait, s'il le faisait, de s'éveiller et de se rendre compte qu'il avait rêvé.

À ce moment, il entendit un léger grincement dans son dos : la porte de la chambre venait de s'ouvrir doucement. La lumière du couloir, pénétrant par la porte entrouverte, éclaira le désordre du lit. Junpei se redressa et se retourna : Sara était debout dans l'embrasure de la porte, le dos à la lumière. Sayoko retint son souffle, se dégagea de sous Junpei. Puis elle tira le couvre-lit jusqu'à sa poitrine, arrangea sa frange de la main.

Sara ne pleura pas, ne cria pas. Elle restait simplement debout là, immobile, serrant la poignée de la porte, les regardant fixement tous les deux. Mais en réalité, elle ne les voyait pas. Ses yeux fixaient simplement le vide.

— Sara, dit Sayoko.

— C'est le Bonhomme qui m'a dit de venir ici, dit Sara.

Elle parlait d'une voix atone, comme si elle venait d'être arrachée à un cauchemar.

— Le Bonhomme ? fit Sayoko.

— Oui, le Bonhomme Tremblement de Terre. Il est venu me réveiller et il m'a dit : « Va dire à ta maman que j'ai soulevé les couvercles des boîtes pour tout le monde, et que j'attends. » Il m'a dit de te dire ça et que tu comprendrais.

Cette nuit-là, Sara dormit dans le lit de Sayoko. Junpei prit une couverture et alla s'allonger sur

le canapé du salon. Mais il fut incapable de dormir. La télévision était posée juste en face de lui, et il regarda longuement, fixement, l'écran noir. *Ils* étaient derrière, il le savait. *Ils* avaient soulevé les couvercles des boîtes et *ils* attendaient. Un frisson glacé monta le long de son échine qui ne le quitta plus jusqu'au matin.

Renonçant à dormir, il se rendit à la cuisine, se prépara du café. Tandis qu'il le buvait, assis devant la table, il sentit quelque chose de mou sous ses pieds : c'était le soutien-gorge de Sayoko. Il était resté là depuis le jeu. Junpei le ramassa, l'accrocha au dossier d'une chaise. C'était un soutien-gorge blanc tout simple, sans le moindre bout de dentelle, un sous-vêtement qui avait perdu sa conscience de sous-vêtement. Ainsi accroché au dossier d'une chaise de cuisine, juste avant l'aube, il semblait le témoin anonyme égaré d'une époque depuis longtemps révolue.

Junpei repensa à sa première année d'université. La voix chaude de Takatsuki, la première fois qu'il lui avait adressé la parole, résonna à son oreille :

— Tu viens déjeuner avec moi ?

Il avait un sourire amical, qui semblait dire : « La vie va être de plus en plus belle pour nous, tu vas voir. »

« Où sommes-nous allés déjeuner, ce jour-là ? se demanda Junpei. Qu'avons-nous mangé ? » Impossible de s'en souvenir. Ce n'était pas très important, c'est sûr, mais tout de même...

— Pourquoi m'as-tu proposé de déjeuner avec toi ? avait demandé Junpei à son nouvel ami, ce jour-là.

Takatsuki avait souri, posé un doigt sur sa tempe et pris un air très sûr de lui pour répondre :

— Parce que j'ai le don de rencontrer les amis qu'il me faut, toujours et en tous lieux.

Takatsuki avait raison, songea Junpei, sa tasse de café posée devant lui. Certainement, il avait le don de rencontrer les bons amis. Mais ce n'était pas suffisant. Trouver la bonne personne, que l'on pourrait continuer à aimer sur le long parcours de la vie, c'était une autre affaire. Junpei ferma les yeux et pensa au long ruban de temps qui s'était déjà déroulé en lui. Il ne voulait pas croire que ce temps était passé en vain, pour rien. Il se dit qu'il demanderait Sayoko en mariage à l'aube, dès qu'elle se réveillerait. Maintenant, il était décidé. Il n'avait plus aucune hésitation. Il ne pouvait pas gâcher une heure de plus de sa vie. Attentif à ne pas faire de bruit, il entrouvrit la porte de la chambre pour regarder dormir Sayoko et Sara, enveloppées dans les couvertures. Sara tournait le dos à sa mère, qui avait posé une main sur son épaule. Junpei effleura du bout des doigts les cheveux de Sayoko répandus sur l'oreiller, puis les petites joues roses de Sara. Aucune des deux ne bougea. Junpei s'assit sur la descente de lit, s'adossa au mur et passa le reste de la nuit à veiller sur leur sommeil.

Tout en regardant avancer les aiguilles sur l'horloge murale, il réfléchit à la suite de l'histoire qu'il raconterait à Sara. Tout d'abord, il fallait qu'il trouve une fin convenable.

Tonkichi ne pouvait pas être envoyé au zoo sans avoir rien fait. Il fallait trouver un moyen de le sauver de ce sort. Junpei remonta le cours de toute l'histoire jusqu'au début. Ce faisant, de vagues idées germèrent dans sa tête, prenant peu à peu une forme concrète.

« Tonkichi a eu l'idée de faire des galettes au miel avec tout le miel ramassé par Masakichi. Après s'être un peu entraîné, il a compris qu'il était doué pour faire de délicieuses galettes croustillantes. Masakichi les a emportées à la ville pour les vendre aux humains. Les galettes au miel de Tonkichi plaisaient à tout le monde et se vendaient comme des petits pains. Alors, Masakichi et Tonkichi ne se sont plus jamais quittés et ont toujours vécu heureux dans les montagnes en étant les meilleurs amis du monde. »

Sara aimerait certainement cette nouvelle fin. Et Sayoko aussi, sans doute.

« Maintenant, je vais écrire des nouvelles d'un autre genre, songea Junpei. Je raconterai

par exemple l'histoire d'un homme qui attend que la nuit s'achève en rêvant avec impatience au moment où le jour va se lever et où il va pouvoir prendre dans ses bras les êtres qu'il aime, dans la lumière claire de l'aube. Mais pour l'instant, je dois rester ici et veiller sur ces deux femmes. Quel que soit celui qui veut leur faire du mal, je ne le laisserai pas les enfermer dans ces absurdes boîtes. Même si le ciel nous tombe sur la tête, même si la Terre s'ouvre en deux dans un grondement. »

DU MÊME AUTEUR *(suite)*

Les Attaques de la boulangerie, Belfond, 2012 ; 10/18, 2013
Chroniques de l'oiseau à ressort, Belfond, 2012 ; 10/18, 2014
1Q84 (Livre 3, octobre-décembre), Belfond, 2012 rééd. 2021 ; 10/18, 2013
1Q84 (Livre 2, juillet-septembre), Belfond, 2011 rééd. 2021 ; 10/18, 2012
1Q84 (Livre 1, avril-juin), Belfond, 2011, rééd. 2021 ; 10/18, 2012
Sommeil, Belfond, 2010 ; 10/18, 2011
Autoportrait de l'auteur en coureur de fond, Belfond, 2009 ; 10/18, 2011
Saules aveugles, femme endormie, Belfond, 2008 ; 10/18, 2010
L'éléphant s'évapore, Belfond, 2008 ; 10/18, 2009
La Ballade de l'impossible, Belfond, 2007 ; rééd. 2011 et 2022 ; 10/18, 2009
Le Passage de la nuit, Belfond, 2007 ; 10/18, 2008
Kafka sur le rivage, Belfond, 2006 ; rééd. 2022 ; 10/18, 2007
Les Amants du Spoutnik Belfond, 2003 ; 10/18, 2004
Au sud de la frontière, à l'ouest du soleil, Belfond, 2002 ; rééd. 2023 ; 10/18, 2003
Après le tremblement de terre, 10/18, 2002

Composition et mise en pages
Nord Compo à Villeneuve-d'Ascq